담시수첩

담시수첩
譚詩手帖

박현태

토담미디어

시인의 말

가끔은
참 맘이 담겨지기도 하는
한 줄의 시가
삶의 쉼터이기도 하다.

차례

1부 _ 치솟는 죽순 ········ 9

2부 _ 들배지기하는 바람 ········ 31

3부 _ 맨몸 드러내는 얼음 ········ 57

4부 _ 덜컹거리는 빈 의자 ········ 83

1부
치솟는 죽순

\#

소쩍새 울음 한 번에
반 보씩 옮겨가는 달.

깔아둔 멍석에
비스듬히 드러눕는 달빛.

오줌 방울

그러게 지펴 열기 전에
우두망찰 싸대지 말라잖더냐.

가을 하늘

서럽도록 새파랗다.
다리미에 깔려 빳빳해진 Y셔츠 같다.

풍경

법당 밖 댓돌에 개미 두 마리
맞붙어 죽기 살기로 싸우고 있다.
법당 안 노승이
가부좌 틀고 앉아 두드리는 목탁 소리
절 마당을 가로질러 내빼고 있다.

그리움

하늘 끝에 걸린 해가
떨어질락 말락 할 때.

\#

밤잠 설치게 된 이유가 뭐냐고?

그 야한 걸 물어서
꼭 답을 들어야 하겠니?

\#

샘 같은 하늘에 수많은
별빛들이 반짝반짝 빛나자
숨겨둔 사랑이 매듭 풀고
밤녘을 싸돌아 다닌다.

\#

샹그릴라 샹그릴라.
나 죽기 전에 맛뵈기라도 아니 되겠니!

\#

주춤주춤 눈 내린다.
조금 전까지만 해도 춥고 바람 불고
가차 없었던 지상이 두려운가 보다.

\#

왕대밭에 일 났다.
해동되는 땅심이 얼마나 골질을 해댔는지
팔뚝 같은 죽순들이 탱탱하게 치솟고 있다.

\#

기억의 창고에 얼기설기 낡은 전선들.
스파크가 일어날 때 마다 깜빡거린다.
망령 들라나 싶어서 덜컥 덜컥 식겁한다.

\#

바다 속 고래는
헤엄치다가 숨이 차면 물 밖으로 침을 뱉는다.
나도 수시로
세상 바깥에 모가질 내밀곤 한다.

봄

겨우내 창가에 뒹굴던 고구마
어느새 길쭉한 팔뚝을 허공에 뻗는다.

\#

바람은 하늘을 청소하고
홍수는 지상을 닦는다.
난리버꾸통에 당하는 건 사람이다.

\#

광풍이 무작스럽게 불어 닥치자
겁먹은 비행기가 날개를 덜덜덜 떤다.

\#

처마 끝에 매달린 고드름
바람 불 때마다
딩딩동 실로폰을 연주한다.

\#

봄비가 촉촉

흙이 폭신폭신

바람결 보들보들

새싹들 야들야들

사랑, 그것은

인생의 길 위에서 우연히 맞닥뜨려

소스라치게 놀래키는 섬광 같은 거.

#

사람 없는 빈집엔 바람이 산다.
바람도 이따금 고독사한다.

#

움푹한 양재기에 찬 밥 덥석 집어넣고
새초롬한 초록 이파리 서너 장 쭉쭉 찢어 얹는다,
입 안에 들어온 봄이 속을 긁어대니
겨우내 닫혔던 항문이 뿡뿡 지랄발광을 해쌓는다.

\#
수평선 떠오르는 아침 해
덜 깬 잠 눈두덩에 매달고
앉았다 섰다 담금질한다.

들뜨는 봄 날

시퍼런 바람 한 줄기
숨긴 사타구니를 자꾸 들친다.

#

사르락 사르락,
갯가 콩돌들 잠재우느라
어르고 달래던 파도가
먼저 잠들어 코 고는 소리.

아직 무면허

인생 운전면허증
여태 못 땄다.

태풍경보

멈추는 법을 잊어버린 바람은
아무 데나 머리를 들이박는다.
경기 든 사람의 눈이 초점을 놓친 채
갈팡질팡 사방을 헤맨다.

#

물푸레나무 소 코뚜레 한 짝
책장 귀퉁이 쇠못에 걸어 두고
얼핏설핏 심심찮게 고향 생각한다.

겨울 샘

동면 잘 하라고
얼음이 깔고 앉아 찬바람 막아준다.

봄이 왔나

한데 내놓았던 화분을 부삽으로 쿡 찔러보니
흙들도 거짓말처럼 시뻘건 속살을 드러낸다.

#

봄이 왔으므로
나는 할 일 없다고 빈둥거리지는 못 한다
어제보다 더 빳빳한 꽃대가리를 만지작거린다.

#

내 사진이 마음에 든 적 한 번도 없다
그런 마음이 마음에 든 적도 애시당초 없다.

주름살

나무의 나이테는
세월에 단련된 심줄이고
사람의 이마에 푹 파인 골은
세월이 흐르는 홈통이다.

#

눈 내리거든 집을 나서라.
서 있지도 빠르게 걷지도 말고
그저 길 따라 가거라.

오늘은 비

종일토록 가라앉아도
바닥에 닿지 않는다.

#

어디 없을까?
달팽이 처럼 기어다니다
힘 들면 기대어
외상 술 한잔 할 수 있는 집.

\#
세상이 다 본인 무대다.
주연이 되고 말고는 자기 몫이다.

박꽃

박색일지언정
해거름에 펴서인지
마냥 뽀얗다.

고요한 아침

샘물 같다.
창턱까지 차올라 찰랑찰랑
하루를 넘본다.

고정관념

마음을 오래된 광에 가둬두는 것.

2부
들배지기하는 바람

누드김밥

부리나케 말렸는지 빤한 창가에
몇 줄 누워 거리를 내다보고 있다.
삐죽 튀어나온 배꼽에 묻은 밥풀
반은 희고 반은 검다.

고속도로

직선으로 뚫려 탁 트인 시야 끝.
차 대가리가 박살나도록 들이박고 싶다.

나

뭣도 아니면서 다인 것.

\#

고여 있는 물은 제 그림자 만들지 못하고
바람은 아무리 부벼대도 구겨지지 않는다.

먹고 살기

알밤 한 톨 국화차 한 잔으로
한 끼를 때우고 하루를 보낸다.

가을 산

신바람 노래로 입술에 침을 튀겼더니
침 맞은 나뭇잎들 얼룩덜룩해쌓는다.

\#

나는 작아서 좋다.
별, 달, 가로등을 올려다 볼 수 있어 좋다.
그리고
그대의 높은 코를 올려다 볼 수 있어 좋다.

감 잡는다

직감, 예감, 공감, 육감, 호감, 반감, 불안감…
사람의 의중에 '감' 만큼 간사한 게 없다.

\#

인간 세상에 허상이 없고 실상만 있었더라면
문명이라는 누상이 생겨나지 않았을 것이다.

\#

날짜를 확인한다고 달력을 짚어본다.
1, 2, 3, 4, 5, 6, 7, 8, 9, 10…
달도, 해도 1, 2, 3, 4, 5, 6…
억겁의 날들 해치웠는데 배는 터지지 않는다.

시

말 안 하면서 말하는 것
말하면서 말 다 못 하는 것.

\#

손바닥만 한 하늘이
환하게 열려 있는 창으로
들어오지 못하고 서성댄다.

홀아비 혼자 있는 방에
들어서기 민망한가 보다.

마냥 환승역

전동차 한 대를 그냥 보낸다.
급행이라 보내고
중간역이 종점이라 또 보낸다.

한밤중에 내리는 눈

다독다독 세상의 잠을 달래느라
자장가로 덮는다.
먼데서 걸어오는 하이얀 발자국 소리
소복소복 창틀에 쌓인다.

짝사랑

외다리로 뛰다가
헛다리짚는 것.

달무리

달빛 한 그릇 받아놓고
멀건이 들여다보는데
휘영청 달을 담은 술사발이
내게 윙크한다.

\#

차창 밖 풍경은 눈에 보이는 것이고
차창 안 풍경은 귀에 들리는 것이다.

바람 부는 겨울 밤

창밖이 끙끙 앓기에 고개 내밀고 바라보니
꼿꼿한 나무 하나 알몸으로 서 있다.

\#

겨울을 배웅하고 봄 마중 가는 길.
손을 좌우로 흔들어야 하는지
위아래 까딱까딱해야 하는지
감 잡히지 않는다.

\#

밤기차는 물속을 내달리는 한 마리 뱀장어.
휘두르는 꼬리에 냅다 얻어맞아 고꾸라지는 비바람.

\#

언덕 위에 서면 떠나고 싶다.
바람이 되고 싶기도 하고
눈시울이 시큰둥하기도 하고…

\#

걸으면서 자고, 떠돌면서 살았다.
목숨이 길이요, 길이 세상이었다.

\#
바람보다 앞서 간 시선에
유리알 부딪치는 소리가 보인다.
겨울 산 높은 가지 끝
상고대가 까불어쌓는다.

봄

아직도 쓸쓸해 보이는
팔십 번 넘게 이별한 그의 뒤 꼭지.

\#

봄비가 정도껏이다.
먼지가 안 젖었는데 흙이 젖겠으며
흙이 안 젖었는데 땅이 젖겠는가.
풀잎에 이슬 맺히듯 살풋 하고 만다.

\#

새소리가 봄 마당을 뗏대굴 굴러다닌다.
날마다 처음처럼 부풀어 오르는
산등성 시퍼런 일렁임들
멀거니 바라보며 호사를 누린다.

\#

마음이 온 데 간 데 없어지자
마음이 마음을 찾아 여기저기 쏘아 다닌다.

\#

저 들꽃 향기 어디서 오나 두리번거렸더니
내 기억 속 멀리서 다가온다,
깨벗고 뒹굴던 옛 들녘에서 온다.

\#

도도히 흐르는 강에 대고 찰칵 셔터를 누른다.
한 장의 사진에 가둬두는 흐름을 흐르게 두는
그것이 진정한 작가정신인지 모른다.

\#

산속 옹달샘에 송홧가루 떠 있다.
출출해서 막걸리 생각나던 터라 손가락으로 휘이 저어
한 컵 쭈욱 들이키고 불콰해지는 눈을 치뜨고 쳐다보니
하늘이 돈짝만하다.
기분이 좋아서 콧노래가 튀어나온다.

\#

과거, 현재, 미래 삼상회의에서
과거는 꿀 먹은 벙어리가 되고
현재는 수다만 떨지만
미래는 눈 부릅뜨고 노려보고 있다.

\#

네가 내 앞에 있으면
나도 네 앞이다.

\#

입이 설치면 말이 많아지고
말이 많아지면 시비가 들끓는데
새들이 말하면 지저귄다 한다.

\#

근심공장을 들어낸 마음의 빈터에
담 없는 별장 한 채 짓는다.

찬바람

무슨 잘못했다고
만나자마자 냅다 따귀를 때리니?
바람아, 내 꼬라지가 불쌍하지도 않느냐!

#
이리된 게 다 운명이라면 놓아버려라.
아득바득 대들어봐야 별 볼일 없다.

아마존

걸어 다니는 나무가 산다는
소문 자자하더라.

#

팔자에 빌붙어 무탈 만을 바라는 것은
인생에 손 놓고 더부살이하는 짓.
까짓 거 되든 말든 지랄발광이나 해보지.

\#

말로는 도통 통하지 않을 때가 있다.
그럴 땐 컹 컹 컹 짐승처럼 짖으라.
지금은 반려동물이 대접받는 시대다.

\#

동굴 속 석순은 10년에도 손톱만큼 자라고
대밭의 죽순은 하루밤새 키다리가 되더라.

#

추억은 머릿속에만 있는 게 아니라
눈에도 입에도 귀에도 밥맛, 손맛, 발맛에도 있더라.
사랑도 가슴에만 있는 건 아니다.

#

노송 한 그루 엉덩이가 들썩거린다.
바다 건너온 바람이
용을 쓰며 들배지기하고 있다.

\#

살얼음 녹자 갈 길 풀려 길길이 내달리는 시냇물 소리.
미풍에 쓰다듬기어 포롯포롯 돋는 초록 새순.
연애질하느라 사방에 다 들리도록 쪽쪽거리는 새.
수두룩 빽빽하게 피어나며 색 쓰기를 다투는 유채꽃.
지난 해 봄,
개울물에 담군 내 발꼬랑내는 지금 어디쯤 가고 있을까.

\#

동그란 호수가 레코드 판 같다.
달빛이 긁어대는 가락이 애수의 소야곡이다.
향수에 빠진 새들 훌쩍이는 소리 나붓나붓하다.

겨울 밤

오던 눈 그치고
카카오톡 입 닫고
불던 바람 가버리고
구구절절 쑤시는 속병.

\#

누구 초상에 곡비 값을 얼마나 받았는지
강가의 겨울 갈대가 밤새도록 울어댄다.
강물도 그냥 못 가 여울에 목매고 돌돌돌 한다.

3부
맨몸 드러내는 얼음

\#

어린이보호구역에서는
내 삶의 속도를 무제한으로 줄인다.

\#

내 저승에 가거들랑
은하수 물가에 엉성한 통나무집 한 채 지어두고
목욕하는 별들의 맨 몸을 밤마다 훔쳐 볼 것이다.

\#

꿈은 꿀 때만 꿈이다.

\#

하늘에 선이 없어도
별들은 서로 넘보지 않는다!

과거사

수 만년 쌓여도
포화상태가 되지 않는다.

\#

마음에 희망을 불어넣어주는 게 '혹시'다.
가장 신나는 건 '혹시'가 '역시' 될 때다.

\#
언 창공에
물방울만한 달이 대롱대롱 걸렸다.
비단 폭 같은 달빛이 서둘러 내려오더니
맨몸 드러내는 얼음을 서둘러 덮어준다.

역사

지나온 항해도.
박제된 나침반.

그 밤

빨랫줄에 걸린 호박오가리 꾸들꾸들
젖은 바람 덜컹대더니 큰 비 오더라.

보름

실눈 같던 초승달이
둥근달이 되는 데 걸리는 시간.

큰왕눈물떼새

언제일까?
그 눈물 마를 날….

그리움

콕콕콕 땅바닥을 쪼아대던 참새 한 마리.
아주 먼— 하늘 끝 하염없이 쳐다본다.

\#

아득바득 산정에 다다를 즈음
우락부락 바위 버티고 서서
어디 한번 덤벼보라고 눈을 부라리고 있다.

\#

이빨에 끼인 미소가 햇살에 반짝인다.
쌈박한 하루 살고짚이로 미소 짓는다.

\#

인생아 나도 이제 더는
네 말 안 들을란다.

앞만 보고 살라던 때는 언제고
돌아도 봐야 한대나 어떻다나?

\#

봄이라고
마냥 싸돌아다니지 말아라.
봄밤에 물리면 약도 없다.

백석천

씻기고 씻긴 돌들의 하얀 뼈대들만
납죽납죽 엎디어 있더라.
시로는 쓸 수가 없어 폰으로 등짝만 찍었다.

질투

섬과 섬 사이 바다가 있는 건
서로 달라붙지 못하게 함이다.

\#
그믐밤 비 쏟아지자
하늘
아래
몽땅
정전이다.

누가 숨어 오줌을 싸는지
졸졸졸 물 흐르는 소리.

\#

번개치자 왼쪽에 누인 근심을 오른쪽에 품는다.
밤새도록 돌소금 한소끔 구워내느라 진땀 뺀다.

\#

외로움을 사각으로 잘라 깍두기 담는다.
시장 옆 한길 가에 앉아 길 놓친 영혼들에게
맛 보세요, 맛 좀 보세요.
호객행위한다.

아침 조회

일어나면 맨 먼저 창 열고 내다본다.
하늘에 대고 나 살아있어요 신고한다.

#
달리는 차에서 수박 한 덩이 떨어진다.
찻길을 벌겋게 물들인다.
둥글둥글 구르던 세월이 순식간에 박살난다.

사람의 사랑

사랑도 아닌 게
사랑인체
사랑 행세하더라.

\#

겨울 한복판
맨몸으로 기도를 하는 나무 한 그루
기복하는 것일까?
속죄하는 것일까?
사색하는 것일까?

\#

코앞까지 다가온 수평선이 날갯짓하는데
다가갈수록 신명 돋우는 파도들의 춤사위
바다와 육지가 해안선 마주 붙잡고 덩실덩실 구른다.

\#

나는 오늘도
꿈 사냥하러 세상에 나선다.

\#

사람은 누구나 이야기가 있다.
아무에게도 말 못했으나
누구에게나 털어놓고 싶은
한 편의 소설이 있다.

\#

가장 가까운 하늘은 창 앞에 있고
가장 먼 세상은 못 가본 세계이다.
못 가본 강 건너가 나를 안달 나게 한다.

\#
삶은 그런 거다.
혹은, 그런 게 아니다.

둘 다 아니거나 맞다.

나

시 쓸 땐 시인.
책 읽을 땐 독자.
술 마실 땐 술꾼.

\#

눈이 내리면
쪽잠 드는 돌의 영혼,
훨훨 나는 꿈을 꾼다.

\#

산에 오를 땐 몸이 가장 무겁고
물에 빠졌을 땐 숨이 제일 가볍다.

\#

북풍한설에 따 말린 매화꽃차 한 잔에
십년 묵은 응어리가 눈 녹듯 한다.
까탈스러울수록 온정에는 약하다.

\#

오늘도 가까스로 이겨냈다.
하루를 이불 속에 누이며
오지게 살았다고 살갑게 다독인다.

\#

미끈하게 하늘을 나는 새도
매번 지상을 훑어보면서
어떻게 내릴까 노심초사한다.

\#

발정 난 밤바람이 다급히 창을 두드린다.

내 비록 독수공방하지만
오늘 밤 너와는 동침 못 하겠다.

\#

마음 허기 달래려고
시와 씨름하다 혼술 서너 잔.
외로울 땐 너만 한 게 없더라.

\#

시간을 허투로 쓰지 말아요.
책 본 시간, 여행한 시간, 연애한 시간
차곡차곡 저축해두었다가
늙어 필요할 때 하나씩 꺼내 볼 수 있잖아요.

\#

바람은 하지 않던 짓을 하게 하죠.
바람도 불지 않아 봐요,
속 터져 못 살죠.

\#

창 안에서 나는
자고
창 밖에서 바람은
분다.

세상 제 맘 대로다.

\#

하루의 해가
데굴데굴 굴러 가더니 서산마루에 걸린다.
떨어질락 말락 돌아보는 눈시울이 시뻘겋다.

\#

봄바람 한 줌 바쁘게 돌아다니더니
주차된 승용차 바퀴 밑에 깜박깜박 졸고 있다.

\#

파종용 행복 씨앗
조롱박에 담아 벽에 걸어두고
자정뉴스에
봄비 온다는지 목 빼고 기다린다.

\#

나는 비 맞지 않고도 젖는다.
창밖에 밤비 오는 소리
추적 추적 추적 추적 추적 ….

4부
덜컹거리는 빈 의자

\#
구운 참새 서너 마리
까맣게 탄 깃털 탁탁 털어내고
짹짹이는 울음소리 까지도
몽땅 해치웠던 소싯적 겨울 밤.

\#
단순하더라.
물은 깊을수록 푸르고
하늘은 높을수록 맑더라.

몸은 낮출수록 야물어지고
마음은 비울수록 수더분해지더라.

\#

골목 초입에 향나무 한 그루
오랜 세월을 머리에 이고 있다.
수백 년 풍상을 두루마기처럼 입고
마악 출타하려나보다.

\#

달은 물속에 두둥실 떴고
바람은 산 넘는 청마 같다.
이윽고 들끓기 시작한 마음이
도를 넘어 이성을 잃어버린다.

\#

조그만 새 눈에 하늘이 들어 있네.
깜박일 때 마다 별자리 옮겨 앉네.

\#

추억에도 묵은 것 햇것이 있다.
오래된 것은 맛이 깊고 근간의 것은 상큼하다.
곰삭은 것들 요대기에 깔고 쪽잠들 때 편하더라.

\#

밤을 질러 울며 가는 고양이 소리에
변방의 도시가 야생의 정글이 된다.

약육강식의 세태가
가로등을 켜고 빤히 노려본다.

몽상

절망을 희망으로 돌려놓는 것.

\#

달빛이 얼음 위에 누워 있다.
바람이 가만 두지 않고 깝죽댄다.

먼 길 달려온 동장군
숨넘어가는 소리로 창문을 두드리는데
난들 어찌 단잠들 수 있겠나.

\#

사실일까? 아닐까? 밤새 근심공장 돌린다.
상상의 임계점에 조롱당하는 게 잡념이다.

\#

죽을 판 살 판 한 판 뜨고 가는 목숨.
승부는
옆지기들이 챙겨 무덤에 묻어 준다.

\#

요 인간들 좀 보소.
갖고 싶은 걸 다 갖고도 껄떡대더니
지구가 성에 안 차는지
우주까지 넘보고 있네.

\#

맨바닥, 땅바닥, 방바닥, 헛바닥 헤맨다고 비아냥 말라.
바닥이야 말로 오만가지가 다 뿌려진 희망 텃밭이다.

\#

봄비 맞아 무성해지는 역마살 솎아내느라고
수월찮이 애를 먹는다.
내일은 기차타고 땅 끝까지 달려 보고
모레는 비행기 타고 바다를 건넌다.
지켜질지 안 지켜질지 지내봐야 알겠지만
잠 못 들고 설레발치는 밤 꿈.

\#

산 사람에게는 손 놓고 지내는 게 힘든 일이다
멀쩡한 등짝이라도 끌쩍거리면서 밤을 지샌다.
겨울 방바닥이 시려 이 방 저 방 옮길 때마다
아내의 꽃방석이 따라다니며 엉덩이를 받쳐준다.

\#

눈이 내리자
하구에 떠돌던 작은 새들, 하나 둘 사라지네.

파닥이는 피라미들 꼬챙이로 꿰어
숯불에 꼬들꼬들 익어지거든 화주 한잔 하세.

툭!

내게 얼마나 등한했는지
잎 떨어지는 걸 보고서야
나, 가을 타나 싶다.

\#

한강물이 밤낮없이 흘러드는 데도
서해 바다는 붇지도 넘치지도 않는다.

인간이 흘리는 눈물로는
어림 반 푼어치도 못 채운다.

\#

여태 살아 있다는 건
해야 할 뭔가가 아직 남았다는 것이다.
그래봐야 뭐를 해야 하나
모르기는 매 한가지다.

\#

물방울만한 달이 대롱대롱
창가에 턱 고이고서
선연히 얼비치는 그대 얼굴 담아
인증샷 찍는다.

#

안타까운 것은 그것만이 아니다
알라스카의 빙하와 고비사막의 평원과
여섯 달의 낮과 밤.
중앙아프리카의 쇠파리 울음소리와
휘날리는 청색 구름과 히말라야 표범.

그리고
외출에서 돌아오지 않은
소소한 걱정거리들.

\#

물방울만한 달이 대롱대롱 창가에 턱 고이고서
선연히 얼비치는 그대 얼굴 담아 인증샷 찍는다.

\#

저무는 해가 석양에 더 선홍빛 되듯
사람의 사랑은 황혼에 더 애틋하다.

\#

자기 자신을 이기지는 못 한다.
별짓 다 저질러놓고
못 이기는 체 눈감아 준다.

\#

밥숟가락을 들었다 놓았다
살기 위한 승부는
더 먹나, 그만 먹나의 한판 싸움질이다.

\#
새장에 갇힌 새가 날아가고 싶어
녹슨 철창 연신 비틀어댄다.
하늘에 길이 있을라나 몰라도
자유란 그냥 얻어지는 게 아니다.

봄비

아기 눈에 그렁그렁 맺힌 눈물 같다.
잠 깨우는 새소리에 톡 톡 톡 떨어진다.

바람난 새

먹지도 자지도 않고
산으로 들로 노래방으로 미쳐 돌다가
순간에 놓쳐버린 봄.

#
수 억 톤의 번뇌에 깔리어서도
발딱발딱 일어서는 욕정.

\#

내남없이 속이거나 속으며 산다.
가방끈이 짧던 길던 들통 나기는 매한가지
체면이 구겨질 때는 멍때리기가 최고다.

\#

새가 날다가 앉았다가 하는 건
ㅇㅇㅇ 때문이다.

ㅇㅇㅇ이란 여러 가지다
새는 사람만큼 복잡하게 살지 않는다.

\#

산에서 사랑해~ 하면
말 떨어지기 바쁘게 되받아
사랑해~ 해~ 해~~
메아리로 답한다.

\#

안경 도수를 높여도 잘 안 보이던 세상
마음을 달리 먹으니 또렷해지네요.
인생만사 마음먹기란 말 틀리지 않네요.

\#

빤짝 구두 신고 어딜 다녀오느냐!
짬짬이 흘리고 다닌 눈웃음 잘 치우고 오느냐!

\#

생애 가장 넉넉한 삶터는 황혼기다
너무 심하게 바락바락 나대지 말거라
오래 산 목숨에는 숨터가 필요하다.

\#

봄이
집 앞을 지나면서
추억을 만든다.

불금

비 내리는 금요일
싸돌아 다녀봤자
젖기 밖에 더 하겠어?

\#

사방이 텅 텅 비어 있다.
그깟 전기세가 얼마나 나온다고
불 꺼! 불 꺼! 한다.

\#

맘속 응어리 얼버무리지 말고 탁 털어뿌라.
꾸역꾸역 못 튀어나오게 막으면 속병 된다.

#

바닷가 해당화에 대놓고 시비 건다.

"니는 여기 뭐 묵을 거 있다고
이런 모래밭에서 피노!"

#

겨울 밤비가 옵니다.
걷지 않은 **빨래들** 젖습니다.
말라**빠진** 애수가 물렁물렁해지더니
똥통에 풍덩 **빠**집니다.

\#

운명 앞에 당당해야
허둥지둥 않는다.
욕망 앞에 느긋해야
여유롭게 볼 수 있다.

\#

시퍼런 풀밭을 넙죽넙죽 걸어보니까
흡사 잠든 바다 살 디디는 맛이더라.

어느새 가을

베란다에 떼거지로 몰려 온 갈바람들이
다투어 앉느라고
빈 의자들 덜컹거린다.

\#

너무 무거운 삶.
와중에 무거워서 좋은 거 딱 한 가지를 대라면…

'입'.

\#

가을 달이 훤한데도
도시의 수풀에는 벌레가 울지 않는다.
띄엄띄엄 잎 지는 소리만 들린다.

\#

꽃이 피건 지건 안면몰수한다.
자칫 꼴값을 떠는 것 같아서다.
마음은 용적이 아니라 쓰임새다.

낡은 외짝 장갑

손가락 넣어보니
그 속에 담긴 아내 손이
내 손을 붙들고
한사코 놓아주지 않는다.

담시수첩 譚詩手帖

발행일 초판 초쇄 2024년 8월 30일 | **지은이** 박현태 | **펴낸곳** 토담미디어 | **펴낸이** 홍순창 | **주소** 서울 종로구 돈화문로 94(와룡동) 동원빌딩 302호 | **전화** 02-2271-3335 | **팩스** 0505-365-7845 | **이메일** chalkack@gmail.com | **출판등록** 제300-2013-111호(2003년 8월 23일)
ISBN 979-11-6249-156-0 | 이 책의 국립중앙도서관 출판예정도서목록(CIP)은 서지정보유통지원시스템 홈페이지(http://seoji.nl.go.kr)에서 이용하실 수 있습니다. | Copyright ⓒ2024 박현태 | 저작권자와의 협의에 따라 인지는 생략하였습니다. 이 책은 저작권자와 토담미디어의 독점계약에 의해 출간되었으므로 무단전재와 복제를 금합니다. 잘못 만들어진 책은 구입하신 서점에서 바꿔드립니다. 정가는 뒤표지에 있습니다.

책 읽는 놀이터 **토담미디어** www.todammedia.com